La Breve Historia de la Primera Guerra Mundial

La Gran Guerra, las batallas del frente occidental y oriental, la guerra química y cómo perdió Alemania, lo que llevó al Tratado de Versalles

(1914-1919)

Descargo de responsabilidad

1

Una rápida visión de conjunto

La Primera Guerra Mundial, también llamada **Guerra Mundial** o **Gran Guerra**, fue una guerra mundial que comenzó en Europa el 28 de julio de 1914 y duró hasta el 11 de noviembre de 1918. El 11 de noviembre siguió siendo conocido como el Día del Armisticio.

Todas las grandes potencias del mundo participaron en esta guerra y se compusieron en dos alianzas enfrentadas: los Aliados (centrados en la Triple Entente del Reino Unido, Francia y Rusia) y los Centrales (originalmente centrados en la Triple Alianza de Alemania, Austria-Hungría e Italia). Estas alianzas se reorganizaron (Italia desertó a los Aliados en 1915) y se ampliaron a medida que más países se unían a la guerra (Rumanía se unió a los Aliados y el Imperio Otomano y Bulgaria a los Centrales).

Al final, más de 70 millones de soldados, incluidos 60 millones de europeos de una población de 460 millones, fueron movilizados en una de las mayores guerras de la historia.

Más de 9 millones de soldados (13%) murieron, principalmente debido a los grandes avances tecnológicos en materia de potencia de fuego (fue la primera guerra en la que prevalecieron los medios y la tecnología fabricados en fábrica y producidos rápidamente, como las ametralladoras, el gas venenoso, los cañones y las alambradas, y en la que se generalizaron los tanques y los aviones) sin que se produjeran los correspondientes avances en materia de movilidad (las tácticas empleadas aún se remontaban al siglo XIX, lo que, según los

3

polemistas, fue una de las razones del enorme número de muertos (más de 16 millones) y heridos (más de 21 millones de soldados heridos (30%)).

Otro factor importante que también contribuyó al sacrificio masivo de vidas humanas fue la capacidad de convocar durante varios años seguidos sucesivas oleadas de miles de jóvenes como reclutas, llevarlos a los frentes y desplegarlos allí.

Este despliegue adquirió notoriedad sobre todo porque las tácticas anticuadas hacían que a menudo sólo se pudieran registrar éxitos inútiles, a pesar del sacrificio de un gran número de soldados.

Esto se manifestaba en la captura de pequeñas parcelas de tierra de nadie, en su mayoría rotas, que luego había que defender o reconquistar una y otra vez con contraataques igualmente masivos, lo que se conoce como la guerra de posiciones.

Fue el sexto conflicto más mortífero de la historia del mundo, que posteriormente allanó el camino a las reformas políticas y/o revoluciones en los países afectados. En Francia (con 41 millones de habitantes en

4

1914) se estima que murió el 4,3% de la población, en el Reino Unido el 2,1% (sobre 43 millones de habitantes), en Alemania (67 millones de habitantes) el 3,8%, en la monarquía austro-húngara el 3,7% (sobre 51 millones de habitantes), en el Imperio Otomano (con una población de 18,5 millones) el 14,5%, en el Imperio Ruso el 1,7% (sobre 166 millones de habitantes).

El 28 de julio, el conflicto comenzó con la invasión austrohúngara de Serbia, seguida del ataque alemán a Francia a través de Bélgica y Luxemburgo y de un ataque ruso a Alemania. Después de que el avance alemán hacia París se detuviera, el frente occidental se instaló en una guerra estática de desgaste de la guerra de trincheras que cambió poco hasta 1917.

En el este, el ejército ruso luchó con éxito contra las fuerzas austrohúngaras, pero fue rechazado por el ejército alemán. Se abrieron otros frentes después de que el Imperio Otomano se uniera a la guerra en 1914, Italia y Bulgaria en 1915 y Rumanía en 1916.

El Imperio Ruso cayó en la Revolución Rusa de 1917, y Rusia salió de la guerra tras la Revolución de Octubre de

5

ese mismo año. Tras una ofensiva alemana en el frente occidental en 1918, las tropas estadounidenses entraron en las trincheras y los aliados hicieron retroceder a los ejércitos alemanes en una serie de ofensivas exitosas.

Alemania, que tenía sus propios problemas con los revolucionarios en ese momento (la Revolución de Noviembre), aceptó un alto el fuego el 11 de noviembre de 1918, que más tarde se conocería como el Día del Armisticio. La guerra terminó como una victoria para los aliados.

Al final de la guerra, cuatro de las potencias imperialistas - los imperios alemán, ruso, austrohúngaro y otomano- habían sido derrotadas militar y políticamente: los estados sucesores de los dos primeros perdieron mucho territorio, mientras que los dos últimos dejaron de existir por completo.

La revolucionaria Unión Soviética surgió del Imperio Ruso, mientras que en Europa Central se formaron varios pequeños estados nuevos. La Sociedad de Naciones se fundó con la esperanza de evitar este tipo de conflictos en el futuro.

6

Pero de esta guerra surgió el nacionalismo europeo y la desintegración de los antiguos imperios. Las consecuencias de la derrota de Alemania y del Tratado de Versalles acabarían contribuyendo al estallido de la Segunda Guerra Mundial en 1939.

La Primera Guerra Mundial se libró principalmente en Europa. La denominación "Guerra Mundial" se refiere, por un lado, a las numerosas tropas inglesas y francesas traídas a Europa desde las colonias y, por otro, a las batallas que realmente tuvieron lugar en colonias como África, el Pacífico y Oriente Medio.

Sin embargo, la escala de esta batalla extraeuropea quedó empequeñecida por la masividad e intensidad de los combates en la propia Europa.

Después de tres años de guerra (en 1917), los Centrales estaban casi agotados. Sin embargo, también lo fueron los aliados franceses, rusos, británicos e italianos. En ese año, Estados Unidos se unió a la batalla y eso acabó dando la ventaja a los aliados.

Después de que el príncipe heredero de Austria-Hungría, Francisco Fernando, y su esposa, la condesa Sofía

Chotek, fueran asesinados a tiros por el nacionalista serbobosnio Gavrilo Princip en Sarajevo el 28 de junio de 1914, el emperador Francisco José de Austria-Hungría, apoyado por su aliado el Imperio Alemán, propuso a Serbia el ultimátum de julio.

Cuando Serbia, respaldada por una alianza con la Rusia zarista, no aceptó este ultimátum en todos los puntos, Austria-Hungría movilizó sus ejércitos y declaró la guerra a Serbia el 28 de julio. Esto provocó una reacción en cadena: varios tratados militares existentes entraron en vigor, otros estados que eran aliados de Austria-Hungría o Serbia también se movilizaron y declararon la guerra a los estados contrarios, involucrando finalmente a la mayoría de los estados europeos en el conflicto.

La guerra enfrentó a las Potencias Centrales, lideradas por Alemania, y a la Triple Entente, formada por Francia, el Reino Unido y el Imperio Ruso. Italia, que tenía un tratado con Alemania, declaró su neutralidad al no estar de acuerdo con los planes alemanes sobre los Balcanes. La neutral Bélgica fue invadida tras un ultimátum alemán.

La guerra se convirtió en una guerra global debido a la participación británica. El Imperio Otomano se unió a los Centrales, convirtiendo Oriente Medio en un campo de batalla también.

Mientras se libraba una guerra estática con trincheras en el oeste, Alemania intentó forzar una decisión en el mar.

Así, la campaña de los submarinos adquirió importancia porque el Reino Unido dependía de las importaciones de bienes y alimentos. En 1915 se introdujo por primera vez la guerra submarina ilimitada. Esto se interrumpió temporalmente tras el hundimiento del Lusitania.

De 1914 a 1917, las fronteras del Frente Occidental apenas se movieron. La batalla se caracterizó principalmente por ofensivas sangrientas que ganaron poco terreno.

Entre los ejemplos se encuentran la batalla de Verdún y la batalla del Somme, en las que murieron más de un millón de personas. Esto se debió en parte a que se utilizaron pocas tácticas innovadoras.

En 1917, estallaron disturbios en el Imperio Ruso y se produjo una revolución. A finales de ese año, en la Revolución de Octubre, fue derrocado el régimen de los Romanov, tras lo cual los bolcheviques fundaron la Unión Soviética.

Los combates contra los comunistas continuaron y Lenin firmó un tratado de paz, llamado Paz de Brest-Litovsk, con los alemanes a principios de 1918. Ese mismo año, Estados Unidos entró en la guerra tras la reintroducción de la guerra submarina ilimitada y el telegrama Zimmermann, enviando al menos 25.000 nuevos soldados a Francia y Bélgica cada mes. En el mar, el Imperio Alemán fue rechazado lenta pero seguramente con nuevas tácticas de convoyes.

Índice de contenidos

Causas y desencadenante

La causa directa fue el mencionado asesinato de Francisco Fernando y su esposa Sofía Chotek. Sin embargo, las verdaderas causas son más profundas. Algunos historiadores consideran que la causa es la creciente popularidad del militarismo y el nacionalismo radical en Europa.

Estos movimientos reprocharon a sus gobiernos su pasividad ante las amenazas externas, lo que fomentó la carrera armamentística en 1912 y 1913. Otros análisis culpan al imperialismo, a los problemas económicos y a la inquieta expansión territorial de las superpotencias.

Son excepcionales los análisis que ven en gran medida la guerra como una iniciativa de la clase dominante para frenar una revolución socialista del proletariado.

La causa de la guerra fue la política exterior imperialista de la mayoría de las naciones europeas, como el Imperio Británico, Francia, el Imperio Alemán, el Imperio Austrohúngaro, el Imperio Otomano, el Imperio Ruso, Italia y Serbia.

La tensión y la rivalidad entre ellas habían ido aumentando lentamente hasta alcanzar el punto de ebullición durante décadas y, finalmente, se esperaba un enfrentamiento directo entre las superpotencias. El asesinato de Francisco Fernando y su esposa dio lugar a un ultimátum de los Habsburgo a Serbia, el llamado "ultimátum de julio".

Se invocaron diversas alianzas que se habían formado durante las décadas anteriores, de modo que en pocas semanas las superpotencias estaban en guerra. A través de sus colonias, el conflicto pronto se extendió por todo el mundo.

A principios del siglo XX, se desarrolló en Europa un equilibrio de poder inestable. En varios países surgieron fuertes movimientos nacionalistas. Francia había perdido Alsacia-Lorena a manos de Alemania tras la guerra franco-prusiana de 1870 y quería recuperar este territorio.

Se enfrentó a una Alemania unida y, por tanto, militarmente fuerte, e hizo una alianza con Rusia. A principios del siglo XX, surgió un nuevo tipo de buque de guerra: el Dreadnought. El Reino Unido y otros países necesitaban reconstruir sus flotas. Alemania aprovechó esta circunstancia para aumentar su inversión en la armada y quiso ganar más peso militar en el mar también por esta vía. Esto preocupó mucho a los británicos: veían amenazada su hegemonía en el mar.

De este modo, Alemania y el Reino Unido se vieron envueltos en la carrera de flotas germano-británica.

Bajo la Realpolitik de Otto von Bismarck, Alemania había sido prudente en la diplomacia internacional. Alemania enfrentó a los países diplomáticamente, como en el Congreso de Berlín. Sólo cuando un país se encontraba solo diplomáticamente y no tenía aliados fuertes para intervenir, se hacía la guerra. Después, se procuró que la paz fuera lo más leve posible para el país derrotado, de modo que no hubiera rencores persistentes.

Esto se abandonó tras la guerra franco-alemana y, sobre todo, tras la dimisión de Bismarck. Bajo el káiser Guillermo II se llevó a cabo una política más agresiva: la Weltpolitik. Sin embargo, con ello Alemania se alejó de muchos Estados, que temían ver comprometido su propio poder.

Alemania y Austria-Hungría eran aliados, y Francia había formado una alianza con Rusia. Tras la Segunda Guerra de los Boers, Inglaterra buscaba aliados, pero un acercamiento inglés a Alemania fue rechazado por los alemanes. Inglaterra buscó ahora un acercamiento con Francia y Rusia.

Por ello, esta alianza se denominó la Triple Entente. Por ello, la nación alemana se consideraba víctima de una conspiración dirigida contra ella. Los alemanes también estaban preocupados por la rápida recuperación rusa tras la derrota contra Japón en 1905 y los posteriores disturbios revolucionarios.

Al mismo tiempo, en los Estados balcánicos florecieron poderosas ambiciones nacionalistas que buscaban apoyo diplomático en Berlín y Viena, por un lado, y en San Petersburgo, por otro. Los panslavistas querían el apoyo de Rusia a los pueblos eslavos bajo dominio austriaco.

En zonas como Eslovenia, Silesia y Bohemia surgió una fuerte conciencia nacionalista eslava, que a su vez despertó el miedo y la enemistad de los alemanes. Surgieron los primeros movimientos pangermánicos y antisemitas (por lo que las semillas del nacionalsocialismo ya estaban sembradas en el siglo XIX).

Los nacionalistas determinan cada vez más la política del gobierno. Las reclamaciones se multiplican y pueblos que han vivido durante años bajo una administración diferente y se han adaptado a ella, como los checos y los polacos, quieren ahora un Estado propio. Cada vez buscaban más el apoyo de grupos extremistas, como la Mano Negra en Serbia.

A diferencia de Francia y el Reino Unido, Alemania poseía pocas colonias, por lo que era menos percibida como una gran potencia. Según la opinión que prevalecía en Alemania en aquella época, la gran ventaja de las colonias residía en el control de los flujos comerciales y el acceso privilegiado a las materias primas y los mercados. Los propios alemanes lo veían como una "desventaja". Alemania fue la última en llegar, a la que no se le concedió ningún "lugar bajo el sol".

Alemania tenía el ejército terrestre más fuerte del mundo; en general, los alemanes tenían la creencia de que una posible guerra tenía que acabar con una victoria alemana. Por tanto, la mayoría de los grupos nacionalistas esperaban un conflicto, e incluso los que no lo deseaban no solían sentir la necesidad de evitar la guerra en sí.

17

Este panorama también se observó en otros países. Los franceses, por ejemplo, no habrían iniciado ellos mismos una guerra para recuperar Alsacia-Lorena, pero aprovecharon con entusiasmo la excusa ofrecida por Alemania y entraron en guerra.

La guerra fue ampliamente romantizada y vista, especialmente por los grupos de derecha y nacionalistas de toda Europa, como "el gran purificador". La guerra hacía al hombre "mejor, más fuerte, más inteligente y más maduro", "convertía a los niños en hombres". Los temas denominados "males sociales" (por ejemplo, el desempleo, el socialismo, el feminismo y la homosexualidad) se "disolverían por sí solos" mediante la guerra, asegurando una vez más el interés propio de todas las élites nacionales. Y después de la guerra (obviamente ganada) habría una época dorada en la que la hegemonía estaría asegurada, la economía se recuperaría y crecería, las ganancias territoriales y coloniales proporcionarían nuevas oportunidades de carrera, y los soldados victoriosos regresarían a casa en grandes desfiles triunfales.

Las distintas alianzas eran débiles. Tanto Alemania como Rusia, las partes más fuertes, se dejaron llevar por sus

18

respectivos aliados más débiles, Austria-Hungría y Serbia, por miedo a perderlos.

Antes de la Primera Guerra Mundial, las distintas grandes potencias elaboraron planes para "dar el primer golpe". En Francia, por ejemplo, se ideó el altamente ofensivo Plan XVII. En Alemania se elaboró el Plan Schlieffen.

En Rusia, se elaboró el plan del ejército para ocupar inmediatamente Prusia Oriental y avanzar sobre Berlín. Para asestar este primer golpe, era necesaria la movilización de los ejércitos. Las movilizaciones llevaban tiempo y no podían llevarse a cabo en secreto. En la práctica, esto significaba que una movilización debía ir seguida inmediatamente de una declaración de guerra; esperar cada día significaba una oportunidad para que el otro bando se movilizara también. Tanto los soldados como los políticos eran conscientes de ello.

Austria-Hungría había quedado seriamente debilitada. La Monarquía Dual había sido humillada por Italia y Prusia, y también había sido casi partida en dos por el Ausgleich de 1867; ahora buscaba una compensación a través de los

19

Balcanes. Con la anexión de Bosnia-Herzegovina en 1908, se había recuperado un poco.

Una victoria fácil sobre Serbia permitiría a Austria-Hungría demostrar que seguía siendo una gran potencia. También Bulgaria se sintió gravemente humillada y perjudicada tras las guerras de los Balcanes. Cualquier oportunidad de tratar con Serbia, Rumanía y Grecia era muy bienvenida.

El Imperio Otomano había perdido poco a poco más y más terreno ante el Reino Unido y Francia en África y ante Rusia en el Cáucaso en las décadas previas a la guerra.

Además, casi toda la provincia otomana de Rumanía (los Balcanes) se había independizado del Imperio gracias al apoyo ruso en las Guerras de los Balcanes. Estas guerras perdidas trajeron consigo un enorme flujo de refugiados; los millones de turcos procedentes de los Balcanes, Crimea y el Cáucaso se instalaron en Anatolia Central. En cambio, Alemania nunca había ocupado territorio otomano y, debido a las inversiones alemanas en el imperio, apoyaba al gobierno otomano. El Imperio Otomano acabó participando en la Primera Guerra Mundial del lado alemán, principalmente para recuperar los territorios perdidos en el Cáucaso y Crimea de manos de Rusia y para evitar una mayor pérdida de territorio en el oeste.

Sin embargo, el aumento de las tensiones étnicas en el imperio multicultural había convencido al sultán y a su gobierno de que el Imperio Otomano debía ser más rotundamente turco y que había que buscar también conexiones con los otros pueblos turcos del Cáucaso y Asia Central. Estos podrían unirse a la lucha contra los rusos, que también eran sus enemigos.

En algunos países, como Italia y Rumanía, hubo una voluntad de ir con la parte que más pujaba. Esto ayudó a prolongar la guerra.

Entre 1900 y 1914, los distintos ejércitos se habían modernizado enormemente en cuanto a artillería y demás armamento. También se había mejorado mucho la organización según las líneas prusianas/alemanas del Estado Mayor.

No fue así con los planes y las tácticas. Estas se basaban en suposiciones y juicios erróneos.

21

El comienzo de la guerra

El 28 de junio de 1914, el archiduque austriaco y heredero al trono Francisco Fernando y su esposa visitaron Sarajevo, la capital de la provincia austrohúngara de Bosnia y Herzegovina.

El estudiante serbobosnio Gavrilo Princip disparó a Fernando el Francés con una pistola, después de que otro miembro de la banda serbia de "La Mano Negra" ya hubiera intentado sin éxito matar al príncipe heredero y a su esposa con una granada ese mismo día. En ese intento, sólo el oficial de Ferdinand había sido alcanzado.

Cuando Frans Ferdinand quiso visitar a su oficial en el hospital, él y su esposa fueron asesinados a tiros en el camino.

La opinión pública europea se puso del lado de Viena y no de Serbia. Incluso los rusos retiraron sus manos de los serbios, sus aliados tradicionales. Al principio, el ataque pareció terminar con un silbido: Austria no pareció reaccionar.

Bola de nieve

Tras el atentado del 28 de junio, la situación permaneció aparentemente tranquila durante varias semanas. Entre bastidores, Viena consultó con éxito a Berlín. Berlín casi dio a Viena un cheque en blanco el 6 de julio, ya que la alianza entre ambos tenía un carácter defensivo. Este cheque en blanco consistía en el compromiso alemán de que una intervención rusa significaría una respuesta alemana.

Hasta el 23 de julio, Viena no presentó a Serbia, a través de su ministro de Asuntos Exteriores, el conde Leopold Berchtold, un ultimátum de 48 horas, el *ultimátum de julio*. Este ultimátum exigía llegar al fondo del asunto. Para ello,

23

Serbia tuvo que consentir una profunda violación de la soberanía, incluso admitiendo policías austriacos.

Serbia también tuvo que asumir la responsabilidad del ataque. Serbia aceptó todas las exigencias menos una, la de permitir la presencia de agentes austriacos en su territorio. Serbia consideró esto una violación de su soberanía y declaró una movilización parcial de su ejército.

Austria declaró la respuesta insatisfactoria y rompió las relaciones diplomáticas con Serbia el 25 de julio. Austria también declaró una movilización parcial. El 25 de julio, en la reunión de la corona de Krasnoje Selo, Rusia decidió apoyar militarmente a Serbia.

Al mismo tiempo, Rusia, Alemania y el Reino Unido propusieron una conferencia de mediación. Sin embargo, esta propuesta quedó sin respuesta. El 27 de julio se produjo una primera fase de la movilización del ejército ruso. El comandante del ejército ruso, Sergei Dobrorolski, declaró posteriormente que el Estado Mayor ruso consideraba la guerra como una conclusión inevitable ya el 25 de julio. Se sabía que Alemania seguiría este movimiento.

El 26 de julio, Alemania decidió no seguir la idea de Rusia de apoyarlos militarmente después de todo.Austria pretendía una guerra local, en parte porque la capital serbia, Belgrado, estaba justo al otro lado de la frontera con la entonces Austria-Hungría. El 28 de julio, Austria declaró la guerra a su pequeño vecino. Ya al día siguiente, 29 de julio, Belgrado fue bombardeado por la artillería austriaca.

Austria-Hungría decidió el 30 de julio proceder a una movilización general. Ese día, el zar Nicolás II de Rusia también aprobó la movilización del ejército ruso.

El Estado Mayor ruso, al darse cuenta de que esto implicaba una declaración de guerra indirecta, trató de disuadirle de hacerlo. Incluso una carta encantadora del Káiser alemán a su primo el Zar quedó sin efecto. Alemania respondió con un ultimátum de 12 horas; la movilización rusa debía retirarse.

Al no obtener respuesta, Alemania declaró la guerra a Rusia el 1 de agosto. Francia también decidió movilizarse en respuesta, para hacer honor a su alianza con Rusia.

El plan de guerra alemán era una versión actualizada del llamado Plan Schlieffen. Esto se basaba en la suposición de que la movilización rusa llevaría mucho tiempo. Alemania aprovecharía este tiempo ocupándose primero del archienemigo Francia y luego de Rusia. Sin embargo, en la noche de la declaración de guerra, las primeras unidades rusas ya estaban entrando en Prusia Oriental.

El Plan Schlieffen preveía un movimiento circunferencial a través de Bélgica. El 1 de agosto, Alemania ocupó Luxemburgo. El 2 de agosto, Alemania dio a Bélgica un ultimátum exigiendo el libre paso. Bélgica negó el paso a las tropas alemanas, tras lo cual Alemania declaró la guerra a la neutral Bélgica.

El 3 de agosto, Alemania declaró la guerra a Francia y el 4
de agosto entró en Bélgica. Esto llevó al Reino Unido a
declarar la guerra a Alemania ese mismo día, ya que el
Reino Unido había garantizado la neutralidad de Bélgica
en el Tratado de Londres. Así, con esta última declaración
de guerra británica, todas las superpotencias europeas
habían entrado en guerra entre sí en una semana.

27

Frentes de la Primera Guerra Mundial

Frentes europeos

- Frente Occidental - La invasión del Imperio Alemán a Bélgica, Luxemburgo y Francia. Aquí se utilizaron trincheras después de que los alemanes se detuvieran antes de París. Después de que el avance de los alemanes se detuviera, ambos bandos trataron de alcanzar el mar lo más rápidamente posible en una posición favorable para ellos. Esto también se llamó la Carrera al Mar.
- Frente Oriental - Los rusos invadieron Prusia Oriental aquí y causaron una sorpresa. Sin embargo, los alemanes y los austriacos expulsaron a los rusos a sus propios países.
- Frente balcánico - Los austriacos invaden Serbia con el apoyo de los alemanes. Más tarde, otros países como Rumanía, Montenegro, Bulgaria y Grecia también participaron en la guerra.
- Frente italiano - Los italianos se unieron a los aliados en 1915 después de que se les prometiera

mucho si se ganaba la guerra. Los italianos pensaron que podrían vencer a los austriacos, pero incluso aquí la batalla siguió yendo de un lado a otro. Sólo al final los aliados pudieron forzar un avance.

Frentes africanos

El control aliado de los mares impidió a los alemanes abastecer a sus colonias. Una estrategia defensiva buscaba preservar las colonias hasta la victoria final en Europa, y alejar a las tropas aliadas del frente europeo.

- África Sudoccidental Alemana - Colonia alemana, actual Namibia. Esta colonia fue conquistada a Sudáfrica por las tropas de la Commonwealth en menos de un trimestre en 1915, tras las dudas iniciales de Sudáfrica.
- África Occidental - Alemania poseía colonias aquí: los actuales Camerún y Togo. También aquí los alemanes fueron rápidamente derrotados, tras lo cual las colonias fueron divididas.
- África Oriental Alemana - Las actuales Tanzania, Ruanda y Burundi. El 22 de agosto de 1914, los

alemanes atacaron con barcos el puerto belga de Kalemie, en el lago Tanganica. Los alemanes siguieron controlando el lago hasta 1916. En el Congo belga sólo había un pequeño ejército colonial encargado de hacer cumplir la ley, que estaba mal equipado. En 1915, los oficiales del ejército belga fueron entrenados en Le Havre para luchar en los trópicos. Los soldados fueron reclutados en el Congo y los porteadores fueron

reclutados por el ejército para los suministros.
Apenas había carreteras.

Utilizando hidroaviones y barcos traídos por partes, las
fuerzas británicas y belgas consiguieron hacerse con el
control del estratégico lago. En abril de 1916, se lanzó el
ataque, desde el Congo belga por el ejército colonial
belga, y desde las colonias británicas por el ejército
británico. El 19 de septiembre de 1916, la principal base
de operaciones alemana, Tabora, fue capturada.

A finales de 1917, Alemania había perdido todos los
territorios, pero las tropas alemanas siguieron librando una
guerra de guerrillas en la colonia y en Portugal-
Mozambique contra los portugueses y los británicos.

Este era el último lugar de África donde las tropas
coloniales alemanas seguían luchando. No fue hasta el 13
de noviembre de 1918 que llegó aquí la noticia de que se
había firmado el armisticio. Todavía faltaba algún tiempo
para que las armas fueran depositadas

Frentes en Oriente Medio

- Campaña del Cáucaso - Los otomanos interfirieron en la guerra del lado de los Centrales. Comenzaron a atacar a Rusia en el Cáucaso y se libraron varias batallas.
- Campaña de Mesopotamia - La invasión de Irak por las tropas del Imperio Británico.
- Frente palestino - Los británicos lucharon por el Sinaí y Palestina contra los otomanos, para mantenerlos fuera del Canal de Suez.
- Frente de los Dardanelos - La Entente quería una segunda ruta hacia Rusia, a través de los Dardanelos. Para ello fue necesario ocupar la capital del Imperio Otomano, Constantinopla. Al final, los aliados fracasaron en este ataque.
- Frente persa - Oficialmente, Persia era un país independiente y neutral, pero debido a la influencia de Rusia y del Imperio Británico, también se luchó contra el petróleo. Como las diferentes tribus se enfrentaron entre sí y para socavar a los británicos en Oriente Medio y la India, aquí se libraron varios conflictos más. Sin embargo, en general, no ha cambiado mucho.

Frente asiático

- Tsingtao - Pocos meses después del comienzo de la guerra, la ciudad fue capturada por Japón y Gran Bretaña en el Sitio de Tsingtao. La escuadra naval alemana, dirigida por el almirante Maximilian von Spee, había partido antes hacia Sudamérica.
- Islas del Pacífico

El frente occidental

El Estado Mayor alemán se basó en el Plan Schlieffen. Este plan desarrollado por Alfred von Schlieffen reconocía el peligro de una guerra en dos frentes contra Francia y Rusia, para la que Alemania no era suficientemente fuerte. El plan consistía, por tanto, en rodear al ejército francés haciendo que el ejército alemán invadiera el norte de Francia, más débilmente defendido, a través de Bélgica (inicialmente también los Países Bajos).

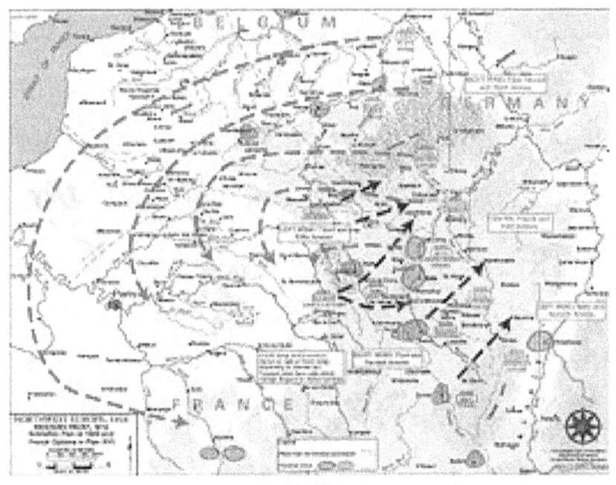

Al desplazarse entonces hacia el oeste y el este alrededor de París -la capital francesa *no* sería tomada- y volver a girar hacia el este, el ejército francés concentrado en Alsacia sería atacado por la espalda y atrapado y rendido.

Las tropas alemanas serían entonces puestas en un tren hacia Rusia para derrotar al recién movilizado ejército ruso en ese país. Se planeó un período de sólo 42 días para derrotar a los franceses. Así, el Plan Schlieffen.

Sin embargo, el plan tenía puntos débiles:

- Al violar la neutralidad de Bélgica, el Reino Unido podría declarar la guerra a Alemania en virtud del Tratado de Londres de 1839. También privaría a Alemania de mucho crédito diplomático. Von Schlieffen no consideró esto relevante; después de todo, el plan fue elaborado sólo por personal militar y no por políticos.
- Se mantuvo un calendario muy apretado de 42 días. Cualquier desviación desbarataría el plan. Von Schlieffen aconsejó que, tras cualquier retraso, se iniciaran inmediatamente las negociaciones con el enemigo: "Al fin y al cabo, de todos modos no podemos ganar".

- El ejército alemán era demasiado grande para las capacidades de las redes de carreteras (ferroviarias) belgas y del norte de Francia. Además, la operación estaba probablemente por encima de las fuerzas del ejército alemán. (Von Schlieffen lo negó)

- No se había tenido en cuenta la posibilidad de que el ejército francés no quisiera rendirse y lo dejara para un enfrentamiento más largo.

- Tampoco había contado con una movilización o ataque ruso más temprano (debido a la falta de industrialización de este país).

- El plan no estaba calculado para hacer frente a situaciones políticas. En la crisis de julio de 1914, Francia no desempeñó ningún papel importante. Sin embargo, el plan preveía la participación de Francia y la entrada en vigor de las distintas alianzas también la arrastró a la guerra. Sin embargo, Francia ya se estaba movilizando dos días antes de la declaración de guerra, y debido al nacionalismo imperante en Francia, la declaración de guerra fue aprovechada con enorme entusiasmo como una oportunidad para hacer frente al eterno enemigo Alemania y recuperar

Alsacia-Lorena. Cuando Alemania se movilizó, los militares pusieron en práctica el plan, mientras que los diplomáticos y los políticos permanecieron pasivos.

- El plan suponía una guerra de movimientos, mientras que la velocidad de los ejércitos de infantería y caballería y la artillería era limitada.

Incursión en Bélgica

- **1 de agosto de 1914** - Las tropas alemanas invaden el neutral Luxemburgo.

- **3 de agosto** - Alemania declara la guerra a Francia y ese mismo día pide permiso a Bélgica para atravesar el país e invadir Francia. La Bélgica neutral mantiene su promesa y no ofrece a los alemanes ningún paso.

- **4 de agosto** - Unidades del ejército alemán cruzan la frontera belga. Francia y el Reino Unido se apresuran a ayudar a Bélgica.

- **6 de agosto** - El ejército alemán se enfrenta a los fuertes de Lieja.

- **12 de agosto** - Batalla de los Cascos Plateados, en Halen. Caen 140 soldados belgas y 160 alemanes. Los belgas ganan y se atrincheran en Diest.

- **15 de agosto** - Batalla de Dinant. Los reyes y el gobierno se instalan en Amberes. El rey manda el ejército.
- **16 de agosto** - El último fuerte alrededor de Lieja se rinde a los alemanes.
- **18 de agosto** - Batalla de los Siete Cerros, cerca de Tienen, en el territorio de los actuales municipios de St.-Margriete-Houtem, Grimde y Oplinter. Unos 2.400 soldados belgas se enfrentaron a un ejército de unos 15.000 alemanes. La mitad de los belgas perdieron la vida o resultaron heridos. El ejército belga se retira.
- **18 de agosto** - El rey Alberto I ordena al ejército belga que se retire a Amberes tras un masivo ataque alemán al norte del río Mosa.
- **19 de agosto** - Represalias alemanas en Aarschot.
- **20 de agosto** - Los alemanes entran en Bruselas. Posteriormente se producen intensos combates en Aalst, Malinas, Dendermonde y Charleroi. En Amberes, muchos voluntarios trabajan día y noche: se cortan árboles, se derriban chalets, en

fin: todo lo que pueda obstruir la vista. Se levantan refugios en varios lugares, se realizan inundaciones cerca de los fuertes desde Kapellen hasta Kontich. En la ciudad ondean banderas belgas, francesas e inglesas. Entre el 21 y el 24 de agosto, caen los fuertes de Namur.

- **22 de agosto** - Batalla de Charleroi en la que también participan los franceses. Las carreteras empedradas se extienden por todo el país para dificultar los movimientos de los alemanes.

- **El 25 de agosto,** las tropas alemanas llevan a cabo una expedición de castigo contra la ciudad de Lovaina. 218 civiles son asesinados y la ciudad es incendiada. La biblioteca de la universidad también arde en llamas. Estos actos poco ortodoxos provocarán un reclutamiento voluntario masivo en el Imperio Británico.

- **27 de agosto** - Los soldados de la marina británica desembarcan en Ostende para reforzar al ejército belga en Amberes. Los Países Bajos neutrales se negaron a dejarlos entrar por el Escalda, impidiéndoles desembarcar en el propio Amberes. Nueva ofensiva alemana contra Malinas con 20.000 soldados. Más adelante este número se duplicará. Malinas es bombardeada por primera vez.

- **30 de agosto** - Después de tres días de bombardeos, los fuertes de Walem, Sint-Katelijne-Waver y Koningshooikt son levantados. Ya no pueden desempeñar su papel de fortaleza para contener al enemigo, ahora se convierten en puntos de apoyo.

- **2 de septiembre** - Un zepelín sobrevuela Amberes y lanza siete bombas sobre casas habilitadas como hospitales. Hay 12 heridos y grandes daños.

- **5 de septiembre** - El comandante Von Sommerfeld ordena quemar la ciudad de Dendermonde. También el hospital civil y la iglesia del Beguinage del siglo XVI. Las casas son saqueadas y los residentes deportados a Alemania. En Sint-Gillis y Lebbeke, 25 habitantes son asesinados por el ejército alemán de paso.

- **Del 9 de septiembre al 26 de septiembre** - Se establece en Lier el cuartel general de las fuerzas armadas belgas. El rey Alberto permanece allí varios días durante la batalla de Nete.

- **29 de septiembre** - Bombardeo de Lier, Duffel, Tisselt, Londerzeel y Heist-op-den-Berg. Nuevas batallas por Malinas, debido a la gran fuerza, los belgas tienen que abandonar Malinas y retirarse a Amberes. En su retirada, los defensores destruyen los fuertes de Walem y Breendonk. Esto fue para evitar que los alemanes los usaran contra los belgas.

- **2 de octubre** - Los alemanes intentan abrirse paso. Desde el balcón del Palacio del Meir en Amberes, el rey Alberto I tranquiliza a la población mientras se oyen disparos.

- **3 de octubre** - Walem, Sint-Katelijne-Waver y Koningshooikt son bombardeados por cañones de 28 cm posicionados en Elewijt y Hofstade. Un avión esparce notas sobre Amberes, pidiendo a la población que se rinda. La población se ríe de esto, mientras el avión alemán es bombardeado. Más combates en Lier. Herentals es víctima del terror alemán. Los pueblos de Kempen son incendiados.

- **4 de octubre** - El frente no se mueve. Los belgas se ven obligados a atrincherarse tras los ríos Rupel y Nete. Los puentes se vuelan. Fuertes combates en Duffel.

- **6 de octubre** - Las brigadas de infantería naval británicas y el ejército belga defienden con éxito la Nete. Sin embargo, el 6 de octubre por la mañana tienen que retirarse a la línea del fuerte interior. Como resultado, los alemanes pudieron situar sus cañones a tiro de la ciudad. Más de 4.000 proyectiles y 140 bombas de zepelín caen sobre Amberes. El general Deguise anuncia a la población que quien quiera puede marcharse. Comienza un éxodo a lo largo del Escalda. Más de un millón de belgas huyen a los Países Bajos neutrales del norte. Los refugiados son bien recibidos allí. Otros emigran a Francia por la costa o intentan llegar a Gran Bretaña por Ostende.

- **8 de octubre** - Para evitar la destrucción total de la ciudad de Amberes, las autoridades belgas y británicas deciden conjuntamente evacuar la ciudad. Durante la noche del 8 de octubre, el rey y la reina abandonan Amberes.

- **9 de octubre** - La batalla de Amberes ha terminado. Los fuertes de Schoten, Brasschaat, Merksem, Kapellen y Lillo son volados. Al amparo de la noche, la última división belga abandona también la orilla izquierda del Escalda y se retira al

Yser. El ayuntamiento de Amberes solicita y recibe un alto el fuego del mando supremo alemán. La "Convención de Kontich" es un hecho. Unos 33.000 soldados belgas que ya no pueden escapar emigran a los Países Bajos y son internados allí.

- **10 de octubre** - Los belgas y los británicos, ahora que han abandonado Amberes, asestan un duro golpe a los alemanes cuando éstos intentan cruzar el Escalda. Las unidades alemanas avanzan hacia Gante. En el norte, los belgas hacen retroceder a los alemanes hasta Lokeren. Cerca de Gante, en Melle, los belgas logran rechazar al enemigo y capturar una batería de artillería alemana. La retirada del ejército belga avanza sin mayores problemas. Todos los trenes blindados y los cañones pesados están salvados.

- **12 de octubre** - Los alemanes ocupan Gante, que se rinde sin luchar. La retirada belga continúa hacia el Westhoek y se instala detrás del Yser.

- **13 de octubre** - Las divisiones británicas llegan a Ypres. El ejército alemán avanza más por Flandes Oriental.

- **15 de octubre** - Los alemanes siguen avanzando por el oeste de Flandes y ocupan Brujas.

43

- **16 de octubre** - El ejército alemán alcanza Damme, Zeebrugge, Knokke y Ostende. El 4º Ejército alemán se posiciona en la costa hasta la carretera Ypres-Viena. Desde la carretera Menin-Ypres, el 6º Ejército alemán forma la fuerza de ocupación. Debido a la inundación de la zona a lo largo del Yser, el frente se atasca en Flandes y luego en Francia. Entonces comienza la guerra de trincheras de cuatro años, desde las dunas belgas de Nieuwpoort y De Panne hasta la frontera franco-suiza de Pfetterhouse en Francia.

Además del Westhoek belga, los enclaves belgas de Baarle-Hertog también permanecen desocupados.

Estos enclaves estaban muy aislados por la postura de neutralidad holandesa y tuvieron un pequeño papel en la guerra al mantener abierta una oficina de correos belga por la que podía pasar la correspondencia importante.

El frente oriental

A pesar del tiempo de movilización de 42 días que el Plan Schlieffen atribuía a los rusos, dos ejércitos rusos invadieron Prusia Oriental ya en agosto de 1914. Unidades de la caballería rusa cometieron numerosos crímenes dirigidos contra la población civil de Prusia Oriental (el *Kosakengreuel*). Al mismo tiempo, los rusos entraron en la provincia austriaca de Galicia.

El avance hacia Galicia fue especialmente exitoso al principio. Tras el pánico inicial, los ejércitos fueron derrotados por los nuevos comandantes Paul von

Hindenburg y Erich Ludendorff en Tannenberg y los Lagos de Masuria en agosto y septiembre de 1914. En estas batallas, todo el Segundo Ejército Ruso dejó de existir.

En el frente oriental también había trincheras, pero estaban más separadas y tenían el carácter de una línea de defensa temporal.

Sencillamente, no había suficientes tropas para ocupar los 1.200 km de frente de esta manera. Los alemanes utilizaron aquí por primera vez gas venenoso (gas lacrimógeno) contra los rusos. Después de la batalla de Lemberg, los rusos tomaron grandes partes de Galicia. Durante el invierno de 1914/1915 y la primavera, las tropas rusas y austriacas libraron varias batallas en los Cárpatos. En respuesta, los alemanes acudieron en ayuda de sus aliados austro-húngaros.

En la primavera de 1915, dado que el frente occidental estaba de todos modos amurallado, el Estado Mayor alemán decidió transferir tropas al frente oriental.

Al mismo tiempo, la base industrial rusa resultó ser demasiado estrecha para proporcionar a las tropas un flujo constante de ropa, alimentos, armas, municiones, medios de transporte y otras necesidades. Una gran ofensiva de los Centrales condujo a un avance. El 5 de agosto, Varsovia fue tomada.

A mediados de 1915, esto había expulsado a los rusos de Polonia. La zona que ahora es Lituania y el sur de Letonia también cayó en manos alemanas. Este acontecimiento se conoció en Rusia como la "Gran Retirada" y en Alemania como la "Gran Marcha".

Los rusos organizaron otra ofensiva de Broesilo contra los austriacos en Galicia en 1916. Este ataque tuvo inicialmente un éxito espectacular, pero de nuevo los alemanes acudieron en ayuda de los austriacos. Rumanía se puso del lado de los aliados en 1916, pero fue invadida y ocupada por Alemania, Austria y Bulgaria. Las ofensivas rusas acabaron estancándose con grandes pérdidas de vidas.

La industria bélica rusa se expandió rápidamente, mejorando el equipamiento de los ejércitos rusos, pero la escasez de alimentos en los principales centros de población provocó disturbios.

En Rusia se produjeron las revoluciones de 1917, tras las cuales los comunistas comenzaron a negociar con los alemanes.

Mientras tanto, los ejércitos rusos se habían desintegrado y los alemanes ocuparon Ucrania y la zona que hoy es el norte de Letonia y Estonia sin luchar. Los comunistas concluyeron finalmente la Paz de Brest-Litovsk con los alemanes, que les dio acceso a una cadena de estados vasallos y les liberó las manos en el oeste. Sin embargo, tras el armisticio, estos territorios tuvieron que ser desalojados y el Tratado de Versalles anuló la Paz de Brest-Litovsk. Además, había que devolver todo el oro ruso y rumano confiscado.

Represalias en Bélgica

Bélgica mantuvo su acuerdo de permanecer neutral y no dejar pasar a los alemanes. Pero el mando del ejército alemán no hizo caso de esta neutralidad y Alemania invadió Bélgica después de todo.

El 25 de agosto, las tropas alemanas matan a 218 civiles durante una expedición de castigo contra la ciudad de Lovaina. La ciudad fue parcialmente incendiada. De las aproximadamente 6.000 casas que tenía Lovaina, 2.117 estaban en cenizas. La iglesia de San Pedro y la biblioteca de la universidad también ardieron en llamas.

Los alemanes vieron cómo un cuarto de millón de libros, incluidos miles de manuscritos medievales irremplazables y grabados de cuna, ardían en llamas. Además de estos crímenes, otros casos similares crearon una ola de indignación nacional e internacional (los testimonios posteriores también demostrarían que no todos los alemanes en el campo aprobaban estas atrocidades).

Lovaina no fue la única víctima: también se cometieron atrocidades similares en Dinant (674 muertos) y Aarschot (170 muertos), entre otras.

El mando del ejército alemán se decidió por estas terroríficas represalias después de que sus tropas fueran, según ellos, bombardeadas por civiles. Para justificar las horribles represalias, se esgrimió invariablemente el argumento de los llamados *franco-tiradores*.

Antes de que comenzara la guerra, los generales alemanes habían adoctrinado y atizado a sus propios soldados con historias de *franco-tiradores* de la guerra franco-alemana de 1870-1871.

Se les inculcó que, durante su avance, no debían confiar en los lugareños bajo ninguna circunstancia y que debían actuar con dureza si les disparaban.

Esto hizo que las tropas alemanas se volvieran tan paranoicas que cualquier incidente menor que no pudiera explicarse inmediatamente podía dar lugar a estas represalias.

La opinión pública también fue agitada por las historias de propaganda con el fin de proporcionar al mando del ejército un apoyo incondicional al esfuerzo de guerra. Sin embargo, en todos los casos, los actos de los tiranos organizados no habían sido ordenados desde arriba y probablemente eran casos aislados. La mayoría de las represalias se debieron principalmente a malentendidos: en Lovaina, por ejemplo, los alemanes parecen haberse disparado entre sí en la confusión, y en Aarschot, un coronel alemán (muy odiado por sus propios hombres) fue asesinado a tiros por uno de sus propios soldados.

Un total de 500 municipios se vieron afectados por las atrocidades durante la invasión de Bélgica; al menos 5.000 civiles fueron asesinados, entre ellos mujeres y niños (en el norte de Francia, la cifra fue de unos 1.500). Por lo tanto, es comprensible que las atrocidades alemanas asociadas al inicio de la invasión fueran una herramienta fácil para la propaganda aliada.

En ambos bandos, los crímenes cometidos por el otro bando fueron fabricados o exagerados por la propaganda y los crímenes propios negados o minimizados. Los alemanes fueron presentados por la propaganda aliada como "hunos con cascos de alfiler", bárbaros del Este; los belgas, a su vez, fueron presentados por la propaganda alemana como rastreros que atraían a las tropas alemanas a emboscadas a traición.

El Imperio Británico había garantizado la neutralidad y la seguridad de Bélgica mediante el Tratado de Londres. Con una estrecha mayoría en el gabinete, declaró la guerra a Alemania. Las atrocidades alemanas provocaron el reclutamiento voluntario masivo en el Imperio Británico.

Reclutamiento masivo

Los británicos pudieron aprovechar el entusiasmo ingenuo en su reclutamiento, tanto en su país como en su imperio colonial. Los reclutadores franceses y alemanes también podrían contar con una gran afluencia. La novela de Erich Maria Remarque *Desde el frente occidental no hay noticias* describe el entusiasmo por la guerra en el bando alemán durante estos primeros meses.

Y el joven Adolf Hitler también enloqueció de alegría entre una multitud entusiasta en la Odeonsplatz el 1 de agosto de 1914, cuando se anunció que Alemania estaba en guerra.

Entre la población seguía prevaleciendo una imagen romántica de la guerra. La presión social para unirse a la lucha era fuerte. Los reclutadores se dirigían a ellos en fábricas, escuelas, en la iglesia y en las plazas del mercado. Los que no se unían, luego "no pertenecían". Aquellos que conseguían eludir con éxito el reclutamiento o (como en el Imperio Británico) no se presentaban como voluntarios mientras otros lo hacían, eran estigmatizados como cobardes. A los que se negaban se les miraba con el cuello y sus hijas les daban plumas blancas, símbolos de cobardía.

Además, se consideró que, a cambio de la gran mejora de los sistemas sociales, era mejor "devolver algo". Además, el ejército británico también asignaba a hombres del mismo barrio o fábrica a las mismas unidades del ejército, conocidas como *batallones de pal* ("trabajar juntos, luchar juntos"). Esto creó una presión social y un control social.

Los voluntarios de Australia y Nueva Zelanda formaron juntos las unidades Anzac. A menudo se les asignaban las misiones más desesperadas, pero llevaban la aureola de soldados valientes pero temerarios que cuidaban celosamente su imagen.

Los jóvenes obreros de las fábricas y los mineros británicos se entusiasman con un viaje a París. En Canadá, el primer contingente programado de 20.000 hombres se llenó inmediatamente. Le seguirían 430.000 más. Un total de 60.000 canadienses morirían.

Durante las primeras semanas de la guerra, miles de estadounidenses de los entonces neutrales Estados Unidos se presentaron en Canadá; 5.000 de ellos eran de Texas.

A pesar del conflicto entre británicos e irlandeses, con varios levantamientos populares, además de los irlandeses protestantes que sí estaban a favor de los británicos, hubo decenas de miles de irlandeses católicos que se alistaron en el ejército profesional británico. De los 200.000 voluntarios irlandeses en el ejército británico, unos 30.000 acabarían muriendo.

Los británicos consideraban a los irlandeses (al igual que los escoceses) como "fieros guerreros" que, con el encuadramiento "adecuado" por parte de oficiales principalmente ingleses, eran bastante útiles en todo tipo de conflictos coloniales, mientras que los irlandeses y escoceses veían al ejército como un pan de cada día que, además, prometía "aventuras" en "lugares exóticos".

Ante la insistencia del gobierno francés, Rusia envió un ejército expedicionario de 8942 soldados de infantería para luchar en el frente occidental de Francia en 1916. Tras el colapso del ejército ruso y el acuerdo de paz entre Rusia y Alemania, muchos ex soldados rusos fueron puestos a trabajar en la economía francesa; algunos fueron deportados a Argelia, y algunas unidades del ejército continuaron luchando o fueron reclutadas en el ejército francés.

La contribución de los "sudafricanos" fue independiente. Acababan de salir de 10 años de sangrienta guerra con los británicos y ahora eran aliados contra un enemigo que sólo conocían de oídas. Además, muchos bóers se sentían afines a los alemanes coloniales del África sudoccidental alemana y eran reacios a luchar contra ellos.

Los afrikaners proalemanes y militantes antibritánicos se rebelaron contra la participación en la guerra en la rebelión de Maritz, pero fueron derrotados y su líder Christiaan de Wet fue arrestado. Las tropas coloniales británicas "de color" de la India, Nepal e incluso Jamaica, junto con el *Cuerpo de Trabajo* Británico-Chino, fueron conducidas a Europa con dudosas promesas y sin ningún tipo de imaginación.

En definitiva, la guerra se veía como algo que enderezaría las relaciones nacionales e internacionales, acabaría con los "males sociales", purificaría las mentes de los jóvenes, los educaría y haría de ellos verdaderos hombres.

Batalla de trincheras

Si bien la política alemana daba por sentado que el Reino Unido permanecería neutral, mientras tanto el mando supremo alemán había preparado un plan de guerra que haría imposible esa neutralidad (el Plan Schlieffen). El Reino Unido garantizó la neutralidad belga. Cuando el 3 de agosto se violó esta norma y los Uhlans alemanes marcharon incendiariamente hacia los fuertes de Lieja, a Londres no le quedó más remedio que dar un ultimátum a Berlín y acabar declarando la guerra.

Los ejércitos alemanes marcharon a través de Bélgica y el norte de Francia. Avanzaron hasta cerca de París, aunque esta ciudad no era el objetivo del ataque. Mientras tanto, en Alsacia, los franceses lanzaron un ataque según su propio Plan XVII y fueron rechazados sangrientamente. Masas de infantería avanzaron hacia las trincheras alemanas, donde, sin embargo, fueron abatidas con ametralladoras. Con sus brillantes uniformes azul-rojo, formaban blancos vivientes.

El avance de los alemanes en forma de media luna a través de Bélgica y el norte de Francia parecía inicialmente ir razonablemente de acuerdo con el plan. Lieja y el círculo de gigantescos fuertes que la rodean fueron ocupados en pocos días, y la Fuerza Expedicionaria Británica (BEF) fue derrotada en la Batalla de las Fronteras. Los alemanes avanzaron hasta el río Marne, donde los franceses intentaron detenerlos. Los franceses reclamaron la victoria, pero según muchos historiadores, si hubo un ganador, la batalla del Marne la ganaron los alemanes y no los franceses. Sin embargo, el nervioso Estado Mayor, que ya había observado pequeñas desviaciones del plan, decidió dejar que el ejército alemán se retirara a Chemin des Dames. El frente creció debido a los movimientos circunferenciales de ambas partes (la Carrera hacia el Mar) hacia el oeste hasta la costa del Mar del Norte. El gobierno francés se sintió amenazado en París y se instaló temporalmente en Burdeos.

Con la excepción de España y los países nórdicos, Suiza y los Países Bajos, todos los países europeos acabarían participando en la Primera Guerra Mundial.

En general, se esperaba que fuera una guerra corta. Volver a casa cuando caen las hojas y Volver a casa antes de Navidad eran lemas habituales. Pero se convirtió en una guerra larga y brutal sin precedentes, cuyos frentes se fijaron al cabo de un mes y medio. Ya en los primeros meses de la guerra, en 1914, esto era evidente: los belgas perdieron 30.000 personas (en cinco meses tantas como en cada año de guerra posterior), los alemanes 241.000 y los franceses 306.000.

Lo que siguió fue una inútil batalla de trincheras que costó millones de vidas. Una batalla, como la de Verdún o la del Somme, dejó más muertos y heridos que todas las batallas del siglo anterior juntas (en el Somme 600.000 aliados y 750.000 alemanes).

61

Sólo muy lentamente los jefes militares supremos se dieron cuenta de que en esta guerra, en la que seguían considerando el ataque como el único medio de salvación, los defensores estaban siempre en ventaja.

Los atacantes murieron en racimos, ya que el fuego rápido y el bombardeo de proyectiles habían dejado la antigua tecnología de combate y armamento irremediablemente anticuada.

La trinchera

Las líneas de defensa estaban formadas por:

- La primera línea, formada por puestos avanzados, nidos de ametralladoras y similares, estaba conectada a la línea principal mediante pequeñas trincheras.
- La línea principal, que formaba la trinchera real. Aquí los soldados se quedaban y podían moverse.
- El interior del país. Esta estaba conectada a la línea principal a través de pequeñas trincheras y ferrocarriles.

Entre las trincheras alemanas y las aliadas había una franja de barro, arada por las explosiones de granadas y la infantería, y llena de minas terrestres y alambre de espino. Lo único que crecía en la tierra de nadie y en las trincheras era la amapola. Por eso esta flor roja es un símbolo de la Primera Guerra Mundial.

La vida en la trinchera era una pesadilla. Las trincheras, sobre todo en primavera, invierno y otoño, formaban zanjas de barro en las que uno se hundía hasta las rodillas. Todo se humedeció y ensució y el agua penetró en la ropa y las botas. Esto condujo, entre otras cosas, a los pies de trinchera, el remojo de los pies mojados durante mucho tiempo con gran riesgo de daños y, por lo tanto, de infecciones con el resultado final de la muerte por gangrena.

A veces se utilizaban tablones de madera para mejorar la transitabilidad; en las trincheras alemanas, esto era común un poco más rápido. A menudo, debido a las condiciones y a su gran número, los cadáveres no podían ser enterrados rápidamente. Los cadáveres y otros desechos atraían a las ratas, que podían multiplicarse rápidamente. Sólo cuando una parte del frente estuvo "en reposo" durante un período más largo, se pudo lograr alguna mejora en las condiciones de vida.

En las ofensivas, era aún peor. En ocasiones, los defensores fueron sometidos a bombardeos de artillería durante días. Mientras tanto, los atacantes reunieron a las tropas. Cuando (se creía) que toda la artillería y los nidos de ametralladoras del enemigo habían sido derribados, la infantería atacó, al amparo de los disparos de los proyectiles. A veces la coordinación no era buena:

entonces los soldados perdían la cobertura o eran bombardeados por su propia artillería. Por cierto, esto también se hacía deliberadamente si la infantería no avanzaba lo suficientemente rápido. Así es como los soldados hicieron el cruce a través de la tierra de nadie hacia la trinchera enemiga.

Sin embargo, los defensores, en su mayoría, ya sabían lo que iba a ocurrir debido a la intensa preparación no disimulada (el reconocimiento aéreo desempeñó un papel importante por primera vez) y a los días de bombardeo y se retiraron parcialmente.

Esto creó un saliente en el que la infantería atacante quedó atrapada. Los nidos de ametralladoras en los flancos abrieron fuego y la infantería defensora avanzó mientras su propia artillería era a menudo demasiado lenta al quedarse atascada en el barro de la tierra de nadie. Ya sin cobertura, la infantería atacante fue prácticamente masacrada, en muchos casos hasta el último hombre. En 1915, este tipo de ataques de menor envergadura se producían con regularidad.

En general, los alemanes tenían más trincheras viables que los aliados. Con los aliados (especialmente los franceses, en cuyo territorio se combatía), se desaconsejaba la construcción de buenas trincheras desde el punto de vista ofensivo, y los alemanes, además, se habían replegado a posiciones más altas y, por tanto, más defendibles (pero también más secas) en muchos lugares.

Además de toda la suciedad que también traía muchas enfermedades, cosas como el miedo continuo, la soledad y la monotonía también eran un infierno para los soldados.

Durante los días de bombardeo o en el momento del código rojo, el miedo a morir debió ser insoportable. Hay historias de soldados que encendieron un cigarrillo y al encenderlo se convirtieron en objetivo de los francotiradores. De ahí viene la superstición de que una hoguera nunca debe encender más de un cigarrillo; al fin y al cabo, esto daba a los francotiradores tiempo suficiente para apuntar.

Debido a las terribles y traumáticas experiencias vividas en las trincheras, algunos soldados sufrieron el llamado shellshock. En esta condición, el soldado sufre tics o convulsiones, como tics en los ojos, o incluso escalofríos. El shellshock se consideraba una forma de cobardía, por lo que los soldados con estos síntomas solían ser ejecutados por su propio partido .

La soledad era habitual. Las amistades entre hombres rara vez duraban más de un mes, en parte debido al gran número de víctimas. La soledad dio lugar a todo tipo de síntomas extraños. Algunos hombres entablaron amistad con ratas u objetos y los consideraron como familia, otros hablaban constantemente consigo mismos o con cadáveres. La falta de mujeres dio lugar a relaciones sexuales entre los hombres.

La monotonía de la vida de un soldado combinada con lo anterior provocó el llamado "síndrome de la trinchera" entre los supervivientes después de la guerra. Muchos hombres no pudieron retomar su antigua vida y siguieron viviendo con la misma idiosincrasia que en las trincheras.

Guerra química y biológica

En el primer mes de la guerra, agosto de 1914, los soldados franceses dispararon gas lacrimógeno (bromuro de xililo) contra los alemanes, convirtiéndose en los primeros en utilizar gas venenoso. Sin embargo, el ejército alemán fue el primero en llevar a cabo una investigación intensiva sobre el gas venenoso, dirigida por el eminente químico alemán y premio Nobel Fritz Haber, y fue el primero en utilizarlo ampliamente en 1915. Pero los franceses, entre ellos el químico y también premio Nobel

Victor Grignard, también estaban trabajando intensamente en ello.

En el frente ruso, los alemanes utilizaron por primera vez el bromuro de xililo en la batalla de Varsovia, pero el gas se condensó debido a la baja temperatura e incluso se congeló. Más tarde, se desplegaron por primera vez cilindros de gas cloro a pequeña escala en el frente oriental.

Los oficiales, atónitos, observaron cómo sus soldados desaparecían entre las nubes verdes y caían. Algunos volvieron corriendo, gritando que los alemanes los estaban envenenando con una "niebla verde".

Después de este experimento, los alemanes utilizaron el gas en la segunda batalla de Ypres. Se abrieron más de 5.000 cilindros de gas cloro. Los regimientos defensores franceses quedaron atrapados y se creó una brecha de 6 km. Los alemanes habían pensado en este ataque como un experimento y no habían contado con tal éxito. No había soldados disponibles para empujar.

Tras este éxito, surgieron varios tipos de armas químicas de guerra, como el fosgeno y, en 1917, el gas mostaza.
70

Los científicos alemanes, y más tarde los franceses, también trataron de poner patógenos en varias bombas; especialmente la peste. Se han dado los primeros pasos hacia una guerra biológica seria.

Las armas químicas también fueron utilizadas pronto y ampliamente por los aliados. Las primeras máscaras antigás que hicieron su aparición eran primitivas (por ejemplo, un trapo empapado en agua u orina) y apenas ayudaban.

Sólo después de extensas investigaciones, las máscaras de gas mejoraron significativamente, lo que no mejoró la eficacia de las ya muy costosas armas químicas. Además, era un asunto muy arriesgado para sus propias tropas, ya que el viento podía hacer que el gas saliera en dirección contraria tras abrir los cilindros. Esto último se solucionó utilizando granadas de gas a partir de ahora.

Motín

En respuesta a las enormes pérdidas, no sólo durante las grandes batallas, sino también en innumerables batallas menores, los soldados franceses se dieron cuenta de que el simple hecho de atacar equivalía a un suicidio. Sin embargo, el mando del ejército no conocía una táctica mejor. Muchos soldados se amotinaron en 1917, a veces incluso regimientos enteros a la vez. De hecho, motín es una palabra muy grande, ya que los soldados no se rebelaron. Se declararon en huelga y ejercieron la resistencia pasiva. No protestaban tanto contra la guerra en sí como contra las tácticas empleadas, en las que se sacrificaron miles de soldados en ataques que no consiguieron nada.

Los soldados amotinados se negaron a cumplir las órdenes. Pero también hubo una resistencia mayoritariamente pasiva: se rieron de los oficiales cuando leyeron los informes de las supuestas victorias.

Mientras marchaban hacia el frente, ladraban como ovejas supuestamente llevadas al matadero. Asustaron a los agentes amenazando con matarlos "con una bala perdida" en el siguiente ataque. Se escondían donde fuera posible para escapar de las órdenes. Sólo para los oficiales y suboficiales que se atrevían a vivir entre ellos en la trinchera seguían teniendo cierto respeto.

No hay informes inequívocos sobre el alcance del motín. Los informes oficiales hablaban de 2 o "algunas" divisiones.

Según los historiadores franceses, estarían involucrados entre 40 y 80 mil soldados, es decir, sólo un 5% del total.Historiadores como John Keegan, sin embargo, suponen que en un momento dado el motín se había extendido a 50 divisiones francesas.

Esto hizo que los aliados entraran en pánico. Si los alemanes se enteran de esto y atacan inmediatamente, podrían así enrollar el frente desde Amiens hasta Verdún y luego caminar hasta París. El general Pétain, nuevo comandante en jefe, decidió hablar con los soldados.

Lo hizo, por un lado, dirigiendo la artillería leal a los regimientos amotinados, pero, por otro, concediendo mejores permisos y dejando de utilizar el ejército francés para las ofensivas. 500 amotinados franceses fueron

73

condenados a muerte en 1917, de los cuales sólo 26 fueron efectivamente ejecutados. Pétain cumplió su palabra: el ejército francés no llevó a cabo más ofensivas importantes.

Refugiados belgas

Tras la invasión alemana, muchos belgas huyeron. Miles de personas partieron a través de Ostende y Zeebrugge hacia Inglaterra o desde allí hacia Francia. Más de un millón de belgas huyeron a los Países Bajos. Entre estos refugiados había 33.000 soldados. Estos fueron internados porque el derecho internacional exigía que Holanda, como país neutral, garantizara que las tropas y los recursos de las partes beligerantes que desembarcaran en su territorio no pudieran seguir participando en la batalla. De todos modos, miles de soldados belgas "motivados" escaparían para reincorporarse a la guerra a través de Gran Bretaña y Francia.

Al principio, los refugiados fueron muy bien acogidos. Hubo indignación por la violación de la neutralidad del pequeño país y admiración por su firmeza.

Sin embargo, el grupo de refugiados era tan numeroso que pronto surgieron problemas de alojamiento y atención sanitaria. Las autoridades belgas pidieron a los refugiados que regresaran a su patria, ahora ocupada.

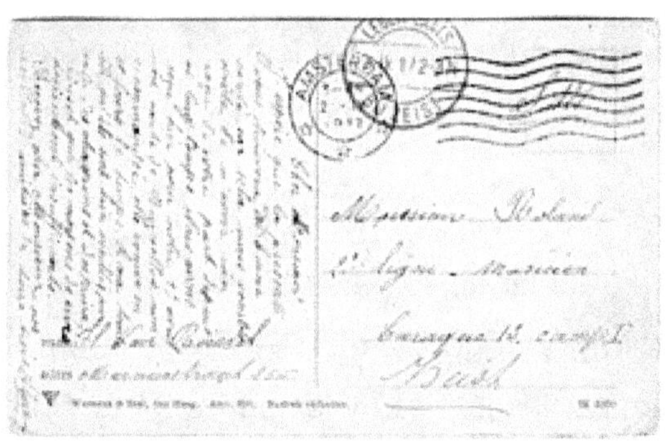

La mayoría de los refugiados de guerra regresaron a sus hogares antes de finalizar el año. Sin embargo, más de 100.000 belgas se quedaron en los Países Bajos. Entre ellos, las familias de los soldados internados. De este grupo, los que no podían mantenerse (unos 20.000) fueron alojados en los refugios de Gouda, Uden, Nunspeet y Ede, que fueron supervisados por el gobierno holandés y

76

donde los belgas fueron alojados en muy buenas condiciones hasta el final de la guerra. Las inspecciones de la Cruz Roja internacional, dirigida por Suiza, lo confirmaron en varias ocasiones.

Los refugiados en el Reino Unido realmente establecieron colonias belgas enteras con todos los adornos. Son típicas las iglesias y comunidades católicas en un país predominantemente protestante. Muchos miles de niños belgas hicieron su primera o solemne comunión en el Reino Unido; la vida belga continuó allí como siempre.

Los belgas que huyeron y no tuvieron que ir al frente se pusieron a trabajar en su país de acogida. En Francia, el compromiso y la diligencia de los belgas fueron apreciados por las fábricas y los agricultores. Entre la burguesía más rica, las criadas belgas estaban bien consideradas.

En todo el Imperio Británico y en muchos países neutrales se llevaron a cabo campañas de recogida para ayudar a los belgas. Las organizaciones de mujeres de Australia, Nueva Zelanda y Canadá recogieron dinero y ropa para los belgas. Cocinaban pasteles que vendían en los mercados, mientras sus maridos e hijos morían junto a los arbustos en Flandes. Los países escandinavos neutrales hicieron lo mismo, al igual que los norteamericanos y sudamericanos. El gobierno danés, por ejemplo, pagó todos los gastos de uno de los campos de refugiados de los Países Bajos.

Después de la guerra, las principales universidades estadounidenses realizarían otra gran campaña de recaudación de fondos para reconstruir la Biblioteca Universitaria de Lovaina. Sin embargo, en mayo de 1940, los alemanes volvieron a hacer su trabajo de destrucción.

Italia

Italia había sucumbido a las promesas de los aliados. Los Centrales vieron esto como una traición, ya que Italia tenía la Triple Alianza con Austria y Alemania. Pero Italia fue más una carga que un apoyo; el país, económicamente débil, tuvo que ser abastecido de carbón y crédito por el Reino Unido, y los soldados italianos siempre tuvieron que ser ayudados por soldados franceses.

Además, los italianos no miraron más allá de los territorios austriacos que serían suyos. Los piamonteses resistieron valientemente, pero las tropas del sur de Italia carecían de motivación para luchar.

La batalla de Italia contra Austria-Hungría en la Primera Guerra Mundial también se conoce como *la Guerra Blanca*. Esto se debe a que la mayor parte de la guerra tuvo lugar en los Alpes. El ejército italiano estaba comandado por el notorio mariscal Luigi Cadorna.

Cuando Italia desertó repentinamente a la Entente, Austria-Hungría llevaba casi un año en guerra. La mayor parte de su ejército luchaba contra los rusos a 1.200 kilómetros de distancia, en la provincia nororiental austriaca de Galicia. También había otro frente contra Serbia. Debido a estos esfuerzos bélicos, había pocas tropas disponibles en la región fronteriza italo-austríaca.

Sin embargo, se había dejado una guarnición en la frontera italiana, que también había sido fortificada varias veces a lo largo de los años. Esto se debió a que los austriacos siempre habían desconfiado de los italianos.

Después de la declaración de guerra, las tropas estacionadas aquí se complementaron con reservistas, personas reunidas apresuradamente en la región.

Hombres jóvenes que carecían de formación, y mucho menos de experiencia de combate, agricultores y hombres mayores. Los hombres mayores (incluidos los veteranos), entre los que los cincuentones no eran una excepción, ya no podían ser llamados al servicio militar debido a su edad. Sin embargo, como había una amenaza aguda, estas personas seguían siendo desplegadas para defender el país.

A pesar de la composición del ejército, estos austriacos estaban bien motivados y decididos a mantener a los italianos fuera del país. Además, conocían la zona como la palma de su mano.

La única ventaja de los italianos era su gran superioridad numérica. La mayor parte del ejército italiano no estaba motivado y el terreno también jugó en contra de los italianos. De hecho, tuvieron que tomar laderas fortificadas en el lado austriaco de la frontera. Además, el ejército italiano sufrió la incompetencia y la obstinación de Cadorna.

Cuando los italianos movilizaron su ejército, los austriacos ya se habían atrincherado en posiciones (fortificadas) en los flancos de las montañas y en las cumbres de los Alpes (donde las pendientes del 30-40% no eran una excepción).

Como Italia quería tomar partes de Küstenland (incluyendo Trieste) y Tirol, Cadorna dio la orden de atacar las posiciones. Debido a que la infantería no estaba bien apoyada por la artillería (porque había muy pocas divisiones de artillería) y a que los italianos tenían una mala posición respecto a los austriacos, los ataques fueron desastrosos para los italianos. Sin embargo, Cadorna dio repetidamente órdenes de seguir atacando, algo que no sirvió de nada a la ya escasa motivación de los soldados.

Los italianos también intentaron evitar las posiciones austriacas cavando túneles en las montañas. Sin embargo, los austriacos rastrearon los túneles italianos utilizando geófonos. Después de esto, cavaron túneles por debajo de los italianos, para luego volarlos.

Cuando el ejército de montaña austriaco se complementó con soldados transferidos de otros frentes y recibió ayuda del ejército alemán, en el que servía, entre otros, Erwin

Rommel, las cosas se fueron a pique aún más rápido para el ejército italiano.

Los combates se concentraron en torno al río Isonzo, donde se libraron un total de 12 batallas. La táctica italiana consistía en enviar formaciones cerradas hacia las posiciones del enemigo. Después de 11 batallas desesperadas, la moral italiana se había hundido a un mínimo histórico.

Incluso en comparación con las tropas aliadas en el frente occidental, el equipamiento, el racionamiento, el entrenamiento y el pago de las tropas era de un nivel dramáticamente bajo. Sin embargo, las medidas de Cadorna contra la caída de la moral fueron contraproducentes.

Entre otras cosas, reintrodujo el castigo romano de la diezma y el número de ejecuciones fue elevado. Debido a esta baja moral, el contraataque austrohúngaro fue muy duro; el 24 de octubre de 1917, Austria-Hungría, respaldada por los alemanes, atacó en lo que se llamaría la Batalla de Caporetto. De nuevo, los alemanes utilizaron gas venenoso en proporciones similares a las de la batalla de Verdún. Las defensas italianas no estaban preparadas para un ataque tan feroz y tuvieron que ceder 25 kilómetros. Cadorna no quiso admitir que se había cometido un error y el mando supremo italiano esperó una semana antes de ordenar la retirada. Debido a la enorme pérdida de hombres y al fracaso general, los británicos y los franceses obligaron a Cadorna a ceder su posición a Armando Díaz.

Sólo cuando, en parte debido a problemas internos, Austria-Hungría se derrumbó finalmente y se ofreció poca resistencia, los italianos pudieron ocupar partes del Tirol y Eslovenia.

El gran número de bajas ya creó un fuerte ambiente revolucionario entre los soldados (en su mayoría comunistas) durante la guerra.

Tras la guerra, surgió un gran descontento social por las bajas sufridas y la mala economía, también se consideró que los aliados no habían cumplido sus promesas y no habían asignado a Italia todos los territorios prometidos por el Tratado de Versalles. Esto acabaría provocando el ascenso de los fascistas y de Benito Mussolini en 1922.

84

Los Balcanes

Austria-Hungría, que había iniciado la guerra contra Serbia, intentó ocuparla tres veces. Tres veces los Habsburgo fueron rechazados. En 1915, después de que Bulgaria y Turquía se unieran a los Centrales, Serbia fue ocupada desde Austria-Hungría y Bulgaria bajo supervisión alemana.

Bulgaria, por cierto, se rindió después de eso. Como dijo un general: "Tenemos lo que queremos (Macedonia), no haremos nada más". Las últimas tropas serbias y aliadas fueron conducidas a Corfú y Tesalónica.

Esta última ciudad estaba rodeada por los búlgaros. Sin embargo, en el otoño de 1918, los aliados desembarcaron un gran ejército cerca de Tesalónica y consiguieron abrirse paso y derrotar a Bulgaria en septiembre de 1918. En Serbia, avanzaron hasta el Danubio, mientras que las tropas británicas avanzaron por la costa hasta Estambul.

Oriente Medio

Antes de que estallara la guerra, el Imperio Otomano tenía buenos contactos con los británicos y los alemanes, entre otros, que les habían ayudado esporádicamente en las guerras contra el Imperio ruso. El Imperio Otomano estaba entonces gobernado por el triunvirato de los Jóvenes Turcos. Sin embargo, los rusos y los británicos decidieron trabajar juntos esta vez.

Enver Pasha, el Joven Turco más influyente, estaba muy a favor de Alemania y le desagradaba mucho el Imperio Ruso, que tanto había humillado al Imperio Otomano en los Balcanes, Crimea y el Cáucaso en las décadas anteriores.

El 2 de agosto de 1914, los turcos y los alemanes firmaron un acuerdo secreto y el 5 de noviembre los turcos declararon la guerra a los aliados. Los dirigentes del Imperio Otomano vieron en la guerra la última oportunidad de recuperar los territorios perdidos a manos de Rusia en torno al Mar Negro.

Los turcos lucharon en cuatro frentes. En la parte occidental del Imperio, varios ataques de británicos y franceses en la península de Gallipoli fueron rechazados con éxito en la batalla de Gallipoli. En Oriente Medio se libró una feroz batalla contra el Reino Unido y los combatientes árabes nacionalistas que movilizaron.

Los británicos atacaron varias veces localidades ricas en petróleo en el sur de Persia e Irak con estos ejércitos, formados principalmente por indios musulmanes además

87

de súbditos británicos y árabes, y también abrieron un frente en Palestina, desde sus bases en Egipto.

La campaña del Cáucaso contra Rusia fue quizás la más dura para el Imperio Otomano; aquí también se libraron batallas por los yacimientos de petróleo, los de Azerbaiyán. En el norte de Persia, los otomanos, junto con los pueblos de habla turca de Persia y con la ayuda de oficiales alemanes y suecos, lucharon contra los ejércitos de los rusos y los británicos.

El objetivo de las partes enfrentadas era asegurar los campos petrolíferos de Persia. Además, el objetivo del Imperio Otomano era crear un vínculo terrestre con los pueblos turcos de Asia Central y China.

Los otomanos, ante la insistencia alemana, declararon una yihad contra los aliados, tratando de conseguir el apoyo de los árabes y otros musulmanes.

Sin embargo, esto tuvo poco éxito. Los árabes estaban descontentos con el dominio turco y los aliados les prometieron la independencia si se unían a la lucha contra los turcos.

Los británicos, en particular Thomas Edward Lawrence ("Lawrence de Arabia"), consiguieron convencer a Hussein ibn Ali, el sharia de La Meca en Arabia, para que luchara de su lado. Los árabes y los británicos expulsaron a los turcos durante el llamado levantamiento árabe.

También al otro lado de la Península Arábiga, los británicos intentaron atacar el poderío turco a través de la campaña de Mesopotamia. En 1914, el jeque de Kuwait, formalmente subordinado a los turcos, desertó a los británicos y Basora fue tomada. En 1915, el general Charles Vere Ferrers Townshend inició un avance constante hacia Bagdad que, sin embargo, se detuvo en Ctetisphon, tras lo cual Townshend y su ejército fueron asediados en Kut-al-Amara por tropas turcas dirigidas por el mariscal alemán Von der Goltz, y finalmente tuvieron que rendirse en abril de 1916. Los británicos consideraron que se trataba de una derrota humillante que debía ser vengada, y en diciembre de 1916 una nueva fuerza del ejército al mando del general Frederick Stanley Maude avanzó hacia Bagdad.

Bagdad cayó el 11 de marzo de 1917, pero a partir de entonces el avance se estancó: inicialmente debido a la fuerte resistencia turca y luego por el desinterés del Mando Supremo en este teatro de la guerra. No fue hasta octubre de 1918 cuando se reanudó el avance a sabiendas de que se estaba negociando un armisticio y con el objetivo de ocupar el mayor territorio posible y reforzar la posición negociadora.

En dos días se avanzó 120 km, el ejército turco fue finalmente derrotado, y el 14 de noviembre de 1918, con el armisticio ya en marcha, Mosul fue ocupada.

En el Cáucaso, los turcos lucharon contra Rusia con mayor o menor éxito. Muchos armenios, uno de los mayores grupos de población de la parte oriental del Imperio, se unieron a los rusos con la esperanza de establecer su propio estado nacional. Como resultado, los dirigentes militares turcos confiaban tan poco en los armenios durante la guerra que ordenaron la deportación de toda la población armenia al desierto de Siria. Esto condujo al Genocidio Armenio, que se calcula que causó entre 500.000 y 1,5 millones de víctimas.

La desconfianza del gobierno turco hacia las minorías étnicas y religiosas también condujo al genocidio griego contra los griegos pónticos, al genocidio asirio contra los suryoye y a la gran hambruna de las montañas del Líbano contra drusos y maronitas.

Tras la guerra, la zona se dividió en varios protectorados. Francia, el Reino Unido y Rusia recibieron cada uno una parte de Oriente Medio, y la propia Turquía fue dividida entre griegos, rusos, italianos, armenios, franceses y británicos por el Tratado de Sèvres en 1920. Sin embargo, la guerra en Oriente Medio continuó en forma de varias guerras de independencia, como la de Turquía, que invalidó el Tratado de Sèvres.

África y Asia

El modesto imperio colonial alemán fue desmantelado con relativa facilidad. En todas partes, los alemanes estaban muy superados numéricamente y aislados de su patria. Togolandia, Camerún y el África suroccidental alemana ya estaban ocupados por los aliados en 1914 y a principios de 1915.

Un ejército de 60.000 japoneses rodeó la pequeña guarnición alemana de Kiautschou. Varias islas del Pacífico también fueron ocupadas por los japoneses, mientras que los británicos ocuparon el Emperador Wilhelmsland y las Islas Salomón de Australia.

China declaró la guerra a Alemania y envió a miles de trabajadores a las trincheras para realizar trabajos de apoyo.

Japón no envió un solo hombre al frente después de ocupar las colonias y concesiones alemanas, pero sí lanzó un ultimátum a China (los aliados, por cierto, devolvieron el silbido a Japón). La adjudicación de las concesiones alemanas en China al archienemigo Japón fue especialmente resentida por los chinos, y también por muchos estadounidenses, Woodrow Wilson.

Sólo en el África Oriental Alemana, más tarde Tanzania, los alemanes, dirigidos por Paul von Lettow-Vorbeck, resistieron hasta después del armisticio de 1918.

La guerra aérea

Al principio, la guerra aérea desempeñó un papel modesto. Los aviones se utilizaron, como en las guerras de los Balcanes, sólo para vuelos de reconocimiento. La primera batalla aérea tuvo lugar cuando un avión de reconocimiento serbio se encontró con un avión austro-húngaro en agosto de 1914. El piloto sacó un revólver y disparó contra el avión serbio. Inmediatamente, todos los pilotos fueron equipados con revólveres, y más tarde con ametralladoras de a bordo.

El reconocimiento era y sigue siendo el objetivo principal del avión. También se realizaron bombardeos, pero para ello era necesario que el piloto sostuviera la bomba entre las piernas y se encargara él mismo de la aeronave. También se utilizaron zepelines. Estos colosos podían transportar más bombas y fueron utilizados con frecuencia por los alemanes para bombardear Londres.

Sin embargo, también eran un objetivo fácil y muy vulnerable porque eran muy grandes y estaban llenos de hidrógeno. Además del reconocimiento y el bombardeo, la intimidación de la población era un objetivo del despliegue de aviones y zepelines.

Fueron famosos los numerosos "combates de perros" entre pilotos alemanes y aliados.

Manfred von Richthofen, o el Barón Rojo, consiguió 80 victorias. El francés René Fonck no se quedó atrás con 75. Hermann Göring, el posterior mariscal del aire y leal al partido nazi, también fue piloto de guerra.

Participación en la guerra de Estados Unidos

Alemania respondió al bloqueo de los Aliados con el arma submarina. Los submarinos alemanes surcaban los mares y torpedeaban los buques mercantes. Además de los barcos aliados, también fueron atacados ocasionalmente barcos neutrales, como el Lusitania.

Muchos neutrales, incluidos los Estados Unidos, culparon a los alemanes. Sin embargo, los estadounidenses mantuvieron durante mucho tiempo su distancia de la guerra, que consideraban un asunto europeo, debido a la Doctrina Monroe.

En 1917 no hubo movimiento en los frentes. El intento alemán de destruir la flota británica para romper el bloqueo había fracasado con la batalla naval de Jutlandia en 1916.

Los alemanes destruyeron más barcos que los británicos, pero ya no se aventuraron en mar abierto. Una guerra submarina ilimitada daría la oportunidad de aislar al Reino Unido y obligarlo a rendirse. Sin embargo, esto podría llevar a una guerra con Estados Unidos.

Los alemanes siguieron adelante con el plan, pero intentaron que Japón y México se unieran a los Centrales para distraer a los estadounidenses. Un telegrama en este sentido (telegrama Zimmermann) fue interceptado por la inteligencia británica y transmitido al gobierno estadounidense.

En respuesta a esto, y a la guerra submarina sin restricciones, el presidente Woodrow Wilson, que estaba en manos de los aliados desde el principio, fue capaz de convencer al Parlamento de Estados Unidos para que declarara la guerra a Alemania el 6 de abril de 1917.

Los mexicanos habían salido de la Revolución Mexicana y no necesitaban otra batalla. Japón no tenía necesidad de cambiar de bando.

La presencia estadounidense, sobre todo al principio, tenía un valor puramente psicológico. Por muy colosal que fuera la marina estadounidense, su ejército de tierra era pequeño. Había mucha mano de obra, pero el armamento era insuficiente. Los cañones tuvieron que ser prestados por los británicos.

Sin embargo, los alemanes se enfrentaron a un nuevo ejército que seguía creciendo. Sus submarinos eran insuficientes para detener los convoyes de guerra. El

98

tiempo jugaba en su contra: cada vez más tropas entraban en Europa y las intactas fábricas de armas estadounidenses funcionaban a pleno rendimiento. La batalla del Escalda se libró con un importante despliegue de tropas terrestres estadounidenses. El Cementerio y Monumento Americano de Flanders Field es un testigo silencioso de ello.

Lista de las batallas más importantes del frente occidental

- Batalla de las Fronteras
- Fuertes en torno a Lieja
- Batalla de Halen, Batalla de los Cascos Plateados
- Fuertes de Amberes
- Primera batalla de Bergen
- Segunda batalla de Bergen
- Batalla del Yser
- Batalla de Ypres
    - Primera batalla de Ypres
    - Segunda batalla de Ypres
    - Tercera batalla de Ypres
    - Cuarta batalla de Ypres, ofensiva del Lys
- La batalla de las minas en Messines

- Batalla de Passchendaele
- Batalla del Marne
- Camino de las Damas
- Batalla de Verdún
- Fuerte Douaumont
- Batalla del Somme
- Batalla de Cambrai
- Línea Hindenburg
- Kaiserschlacht
- Batalla del Escalda

Otras batallas clave:

- Batalla de Neuve-Chapelle
- Batalla de Artois
- Batalla en la región de Champagne
- Batalla de Loos
- Batalla de Nivelle
- Batalla de Arras
- La batalla de Amiens

La gripe española

En 1918, una ola de gripe se extendió por todo el mundo. Su existencia se conoció a través de los medios de comunicación españoles, que empezaron a informar sobre una ola de gripe en la que estaba muriendo gente.

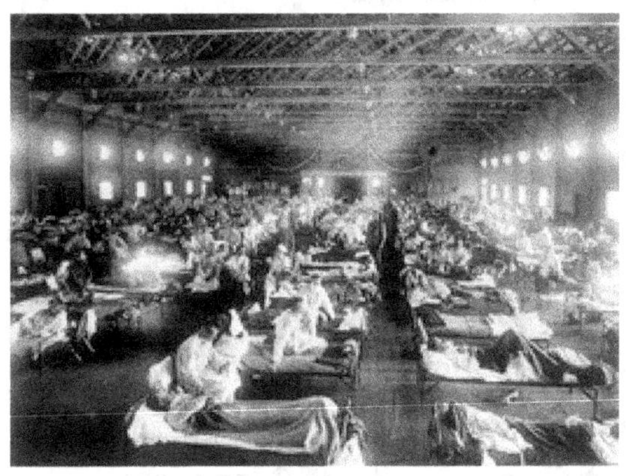

Como resultado, la gripe pronto fue conocida como la gripe española. Esta ola de gripe parecía provenir de las tropas estadounidenses enviadas a Europa. Los estadounidenses también contagiaron a otros cuerpos de ejército: los británicos, los franceses y, finalmente, los alemanes. Cuando las tropas regresaron después de la guerra, la gripe se propagó a través de los desfiles festivos en los que se dio la bienvenida a las tropas.

A diferencia de la mayoría de las enfermedades, la gripe española afectó mortalmente no sólo a los niños pequeños y a los ancianos, sino también a personas de entre 20 y 40 años.

Además, la resistencia de muchos individuos había sido socavada. Las estimaciones conservadoras suponen que esta pandemia se cobró 20 millones de vidas; las estimaciones más elevadas llegan hasta los 100 millones. Si se cuentan estas bajas como muertes resultantes de la Primera Guerra Mundial, el número total de muertos supera al de la Segunda Guerra Mundial, convirtiéndola en el conflicto más mortífero que ha conocido la humanidad.

Objetores de conciencia

También hubo quienes se negaron a prestar servicio por objeción de conciencia.

En los Países Bajos, por ejemplo, existía el Dienstweigeringsmanifesto 1915, y en los Estados Unidos los objetores de conciencia eran "conscientious objectors".

Entre ellos se encontraban los hermanos "huteritas" Jacob, Michel y David Hofer y su cuñado Jacob Wipf, el católico romano Ben Salmon (que también fue condenado por su propia iglesia estadounidense), Roger Baldwin (que fundó la American Civil Liberties Union).

Fueron encarcelados y algunos murieron -descuidados y maltratados- en cautividad. Se comprobó que la salud de muchos se vio afectada tras la liberación.

El fin de la guerra

Después de la paz con Rusia, las tropas alemanas del Frente Oriental fueron llevadas al Oeste, en la medida en que no fueron utilizadas como ocupación.

Cerca de medio millón de soldados regresaron del Este. En el verano de 1918, los generales alemanes Paul von Hindenburg y Erich Ludendorff decidieron ir a por todas con estas tropas por última vez. Los alemanes atacaron en el frente occidental en tres puntos:

1. Una ofensiva en el Marne contra los franceses (Operación *Blücher-Yorck*);

2. Una ofensiva en el Somme para abrir una brecha entre franceses y británicos (Operación *Michael*);
3. Una ofensiva contra los británicos y belgas en Ypres, en Flandes (Operación *Georgette*).

A primera vista, las ofensivas en el frente occidental fueron un éxito: las trincheras fueron abandonadas y los Centrales ganaron un terreno considerable, estaban a 50 kilómetros de París.

Los alemanes, junto con las tropas austriacas, también lanzaron una exitosa ofensiva contra Italia en los Alpes. Las tropas italianas se vieron obligadas a retroceder cientos de kilómetros en su propio país. El mando del ejército italiano fue despedido y la ya de por sí baja moral de las tropas italianas quedó completamente rota.

Sin embargo, las ofensivas se estancaron después de un tiempo. Aunque los italianos no pudieron ofrecer una resistencia significativa, el ejército austriaco estaba cansado de la guerra al final del verano y no podía avanzar en Italia por sí solo. La ofensiva alemana en el frente occidental también se estancó en otra batalla de trincheras.

Los aliados tomaron la iniciativa y decidieron en otoño abrir un tercer frente y hacerlo donde veían más posibilidades de victoria. Un ejército abrumadoramente numeroso de 900.000 soldados aliados desembarcó en la ciudad costera griega de Tesalónica, con el objetivo de atacar a Bulgaria, aliada del Centro.

Así, la Grecia neutral fue arrastrada a la guerra, pero con el consentimiento de los propios griegos: se les asignaría parte de Bulgaria después de la guerra. Los aliados también lanzaron una inmensa ofensiva hacia el Oeste, con ayuda de los recién llegados estadounidenses, contra Alemania. Bajo la influencia de esta ofensiva, combinada con otros acontecimientos y una revolución alemana, los aliados acabarían ganando la guerra.

La caída de los Centrales en el otoño de 1918 llegó rápidamente. Tras algunas batallas, Bulgaria fue derrotada y firmó un armisticio el 29 de septiembre de 1918. La revuelta de los árabes contra el Imperio Otomano también trajo consigo divisiones internas y los otomanos capitularon ante franceses y británicos el 30 de octubre de 1918. Los británicos y los franceses se repartieron Oriente Medio.

Es una falacia pensar que los aliados hicieron grandes esfuerzos bélicos contra Austria-Hungría. Italia nunca había sido un partido fuerte, pero su ejército estaba ahora completamente enfrentado. En Austria-Hungría había otras cuestiones en juego: el propio país estaba cansado de la guerra y había divisiones internas. El nacionalismo eslavo desempeñaba un papel cada vez más importante en la monarquía de los Habsburgo hacia el final de la guerra. El 18 de octubre de 1918, Checoslovaquia declaró su independencia. A esto le siguieron varias minorías eslavas (croatas, serbios, bosnios) y finalmente incluso Hungría denunció la Monarquía Dual con Austria.

Se pidió a los italianos una tregua, pero se negaron. El ejército italiano vio su oportunidad y rápidamente reconquistó los territorios anteriormente perdidos y alejó a los austriacos cada vez más. Su objetivo era la ciudad de Trieste, en la costa del Adriático.

Tras el final de la guerra, los italianos recibieron varias regiones, entre ellas el Tirol del Sur, de habla alemana. Pero los italianos consideraron que se les había dado demasiado poco durante las negociaciones en Versalles, Francia. El negociador italiano Orlando llegó a abandonar

airadamente las negociaciones. El fascismo nació
entonces rápidamente en Italia y ya en los años 20
Mussolini llegó al poder.

Con la caída de Austria-Hungría, los generales alemanes
Hindenburg y Ludendorff sabían que todo había
terminado. La moral del ejército alemán cayó en picado,
sobre todo porque los aliados habían acordado con los
austriacos que las tropas podían moverse libremente por
el territorio: toda la frontera terrestre del sur de Alemania
estaba así bajo la amenaza de invasión por parte de los
aliados.

Además, las ofensivas alemanas se habían estancado uno
o dos meses antes y la situación actual no ofrecía ninguna
perspectiva de victoria.Los ejércitos alemanes finalmente
carecían de todo y la revolución se avecinaba.A través del
general Wilhelm Groener, informaron al Kaiser de que ya
no podían contar con la lealtad del ejército alemán. El
endurecimiento de la resistencia en Flandes era sólo
aparente: todo escaseaba, hasta los uniformes. Los
alemanes empezaron a retirarse de Bélgica, llegando a
ceder territorios que habían ocupado durante cuatro años.
Los aliados lograron inmensos avances terrestres.

Los dirigentes navales alemanes planearon una última batalla contra la flota británica: aunque ya no había nada que ganar. Pero los marineros e infantes de marina implicados ya sabían que esto era totalmente inútil y no sentían la necesidad de perder más vidas por una guerra perdida.

Estalla una rebelión de marineros en las ciudades portuarias del norte de Alemania y se extiende a todo el país. A principios de noviembre de 1918 se declaró la revolución alemana, que acabó aboliendo la monarquía y declarando la república alemana; el emperador huyó a los Países Bajos, donde murió en 1941.

Se llevaron a cabo negociaciones, dirigidas por civiles, y se acordó un armisticio. El armisticio fue firmado el 11 de noviembre de 1918, a las 5 de la mañana, por el comandante francés Ferdinand Foch y la delegación alemana, pero no entró en vigor hasta las 11 de la mañana. Durante estas últimas seis horas, todavía hubo muchas bajas en ambos bandos, aunque la rendición ya se había firmado. El hecho de que la rendición fuera firmada por civiles y no por autoridades militares es muy importante: los nazis se aprovecharon más tarde de este hecho culpando de la derrota a "una puñalada en la espalda de las tropas por parte de elementos rojos". Esta historia seguiría circulando como la leyenda del empuje de la daga.

El Tratado de Versalles siguió en 1919.

Impacto

Además de los daños causados directamente, la guerra tuvo una amplia gama de consecuencias políticas, económicas y sociales. El mundo anterior a la "Gran Guerra" había desaparecido para siempre. La supremacía mundial de Europa durante siglos había terminado. La creencia optimista del siglo XIX en el progreso había dado paso al pesimismo cultural.

Víctimas

Una consecuencia directa de los combates, por supuesto, fue la destrucción de las vidas de muchas personas en las zonas afectadas. Millones de jóvenes (en los Estados beligerantes, gran parte de la generación de 16 a 30 años) han perdido la vida como reclutas o soldados voluntarios, muchos han quedado mutilados de por vida y millones de civiles se han convertido en refugiados. El siguiente mapa muestra cuántos soldados fueron reclutados por país beligerante y cuántos murieron. Las cifras indicadas para Inglaterra incluyen también las zonas que formaban parte del Imperio Británico en aquella época.

Además, en la Primera Guerra Mundial murieron millones de animales (caballos, burros, pero también elefantes, perros y palomas mensajeras) que se utilizaban, entre otras cosas, para el transporte y la comunicación: los coches eran todavía relativamente escasos. Para ellos se erigió el monumento a los animales en la guerra en el Hyde Park de Londres en 2004.

La Primera Guerra Mundial cambió por completo los mapas de Europa y del mundo. Surgieron nuevos Estados en Europa y Oriente Medio.

De las nuevas fronteras surgirían innumerables conflictos internacionales. En Rusia, el comunismo había llegado al poder y surgiría la Unión Soviética. Polonia recupera su independencia y se crean los Estados Bálticos.

El Imperio alemán fue sustituido por la tambaleante República de Weimar. La doble monarquía austro-húngara había desaparecido. Los Balcanes se desintegran en estados separados, incluido el Reino de los Serbios, Croatas y Eslovenos (rebautizado como Reino de Yugoslavia en 1929). El Imperio Otomano dio paso a la República de Turquía. Palestina fue ocupada por los británicos y convertida en territorio del Mandato Británico en 1922. Una sola guerra acabó con cuatro imperios dinásticos centenarios: los Romanov (1917), los Habsburgo (1918), los Hohenzollern (1918) y los Otomanos (1923). Europa estaba debilitada por la guerra. Más tarde, tras la Segunda Guerra Mundial, la Unión Soviética y Estados Unidos se harían cargo de los estados más afectados.

Impacto **económico** y social

Además de los daños directos, el daño económico también fue enorme. Países como Francia, Alemania, Italia y Gran Bretaña estaban luchando con una enorme carga de deuda, mientras que, especialmente en las antiguas zonas de combate, muchas fábricas, etc., estaban en ruinas.

Los países neutrales también sufrieron la guerra. La escasez de carbón en los Países Bajos obligó a reducir los servicios ferroviarios y a aumentar las tarifas de los trenes para frenar el transporte. El comercio por mar se vio obstaculizado causando todo tipo de escasez. Los civiles también fueron llamados a las fuerzas armadas en los Países Bajos para reforzar el ejército.

La "inocente Europa ilustrada" del siglo XIX había desaparecido. Los Estados adoptaron una línea dura entre ellos. Se introdujeron o aumentaron los aranceles aduaneros y, en la década de 1930, los países devaluaron sus monedas sin consultar a otros países.

La consigna no era la cooperación, sino la desconfianza y el antagonismo. Esto agravó la Gran Crisis que duró desde 1929 hasta la década de 1930. Además de a nivel estatal, esto también tuvo su efecto a nivel del "hombre común".

Surgieron ideologías autoritarias como el comunismo y el fascismo. Estos fueron alimentados en parte por los veteranos amargados, que estaban psicológicamente dislocados por sus experiencias y ya no encajaban en la sociedad (especialmente en los países perdedores, que se vieron aún más afectados por los tratados de paz demasiado duros).

Encontraron refugio en varias escuadras que se prestaron a movimientos políticos. Algunos ejemplos son las SA, los
115

Fasci di Combattimento, los Arrow Crossers, la Guardia de Hierro y los matones del KPD (Kommunistische Partei Deutschlands). Los moderados quedaron atrapados entre estos dos violentos incendios. Así, en muchos países, la democracia fue sustituida por el autoritarismo.

Las trifulcas, formadas por veteranos amargados, se enzarzan en peleas entre ellos, con los moderados o con cualquiera cuya cara no les convenga, no importa. Algunos historiadores ven aquí una causa de la "brutalización" de la sociedad ("violencia sin sentido").

Los trabajadores y soldados de las colonias se "contagiaron" del nacionalismo y del comunismo. Los "blancos superiores" utilizaron los recursos de las colonias para golpear los cerebros de los demás. Así se sembraron las semillas de los posteriores movimientos de liberación como el Vietminh y el PKI.

Los Aliados impusieron unas condiciones de paz muy duras a los Centrales. Las fronteras se trazaron de forma bastante arbitraria, con intereses políticos que pesaban más que los de las personas que vivían allí.

Además de los flujos de refugiados, los tratados también produjeron sentimientos latentes de odio y venganza. En la Segunda Guerra Mundial, éstas encontrarían su expresión. Nace el concepto de "guerra total".

Los sindicatos fueron recompensados por su apoyo a la guerra con el reconocimiento. Lo mismo ocurrió con los combatientes en cuanto al derecho de voto: se introdujo el sufragio universal único (un hombre, un voto) y (más tarde) el sufragio femenino.

Las mujeres debían ocupar los puestos vacantes en las fábricas y talleres. Esto les dio una libertad que nunca antes habían tenido. Se dieron cuenta de que eran muy capaces de hacer mucho trabajo de hombres por sí mismas y ganaron confianza en sí mismas.

Las mujeres no abandonaron sus puestos después de la guerra, lo que dio un gran impulso al feminismo. En Bélgica, la guerra también puso de manifiesto los abusos lingüísticos. Los oficiales francófonos (detrás del frente) daban órdenes a los soldados flamencos en el frente.

Sin embargo, varios soldados fueron castigados por su condición de flamencos. Por ejemplo, 10 soldados de
117

primera línea fueron exiliados a una compañía disciplinaria en Orne, Normandía. Conocidos como *leñadores del Orne,* tenían que realizar trabajos forzados en condiciones de vida muy difíciles.

Fue una guerra que comenzó con las tácticas militares de la guerra franco-alemana de 1870. Con cargas de caballería, despliegue masivo de infantería y ataques a la bayoneta igualmente masivos aunque inútiles. En el lado francés, por ejemplo, esta táctica se había practicado a rajatabla. El nombre de esta táctica (llamada *Elan*) de ataque con grandes grupos de infantería en forma ofensiva era: *Offensive à Outrance* (*ataque al extremo*).

También fue una guerra que acabaría con las tácticas de la Segunda Guerra Mundial: en esta guerra, los tanques y los aviones entraron en combate por primera vez. Pero, sobre todo, fue la guerra que acabaría con toda una generación de europeos.

En total, la batalla mató a casi nueve millones de soldados y un millón de civiles. Además, casi seis millones de civiles murieron de hambre y enfermedades.

El Kaiser Guillermo II escribió después de la guerra en su lugar de exilio Doorn en sus *Kriegserinnerungen*:

> *"Cuando pienso en esos difíciles cuatro años de guerra con sus montones y derrotas, con sus brillantes triunfos y sus pérdidas de preciosa sangre, resplandece en mí un sentimiento de ferviente gratitud y de imperecedera admiración por las incomparables hazañas del pueblo alemán en armas..."*